# Los otros cuentos de Miguel

**Editora Social y Cultural, S.L.**
Costa Brava, 6
28034 Madrid (España)
Tel.: 91 431 92 05
Fax: 91 576 90 53
sc@fomento.edu
www.editora-sc.es

*Los otros cuentos de Miguel* para el curso de 4 años de Educación Infantil, del proyecto *El Baúl Mágico*, es una obra colectiva concebida, diseñada y creada por ESC.
En su elaboración han intervenido los profesionales que se mencionan a continuación.

Dirección editorial:
**Ana Rueda Roncal**

Coordinación editorial:
**Dolores Rodríguez Fraile**

Coordinación de producción:
**José Luis Varea Perdiguer**

Diseño de cubierta e interior:
**Koldo Fuentes**

Cuentos:
**Elvira Menéndez y José María Álvarez**

Ilustración:
**Carmen Martín Ortega**

Impresión:
**Gráficas Muriel**
Buhigas, s/n, Políg. Ind. El Rosón
28903 Getafe (Madrid)



ISBN (Obra completa): 978-84-8077-382-9

ISBN (Los otros cuentos de Miguel): 978-84-8077-386-7

Depósito Legal: M-13975-2008

# Índice

# 1. Miguel va al colegio

Érase una vez un pequeño mago llamado Miguel. El primer día de colegio, antes de entrar, su papá le dio una bola brillante.

–Toma, para que no te sientas solo.

La bola comenzó a moverse y de su interior salieron dos alitas, dos brazos y dos pies.

–¡Oh! ¡Suelta polvo de oro, papá!

–Es Bolita, un duende travieso.

La profesora les dijo a los niños:

—Os voy a enseñar el colegio. ¡Vamos a hacer un tren para que no se pierda nadie! Éste es el comedor, aquélla es la cocina... ¿Adónde vas, Miguel?

—¡Mi duende se ha metido en una olla...!

—¡Ay! ¡Me he quemado! —gritó el duende.

Entraron en una habitación llena de libros.
–Ésta es la biblioteca –explicó la profesora–.
Miguel, ¿por qué te subes a esa estantería?
–Es que quiero coger a Bolita, señorita.
«¡¡¡Plaspataplás, plas, plas!!!», se oyó.
Varios libros cayeron al suelo. Uno de ellos,
encima de Bolita. Miguel lo agarró por las alas
y se lo guardó en su bolsillo.

–Si no te portas bien, no vendrás conmigo al colegio nunca más –le riñó Miguel.
Como Bolita no quería quedarse solo en casa, estuvo callado y descubrió que escuchar cuentos, dibujar, cantar y otras cosas que se hacen en el colegio son muy divertidas.

# 2. Un paseo por las nubes

–Mi abuela dice que llueve porque las nubes lloran –dijo Beatriz.

–¡Ja, ja, ja! –se rió Miguel–. ¿Quieres que Bolita nos lleve a ver de dónde viene la lluvia?

–¡Bolita existe...! –exclamó Beatriz, al ver una bola con dos alitas.

–Sí –dijo Miguel–. ¡Bolitaaa, súbenos a las nubes!

Bolita los volvió pequeños y subieron por un rayo de sol. Cuando llegaron a las nubes, Beatriz se sentó en una y, como estaba mojada, la retorció y la nube se deshizo en gotas de agua.

—¡Creía que era de algodón! —dijo Beatriz mientras caían en otra nube.

Después de la tormenta, las nubes se volvieron blancas y apareció, a lo lejos, un arco de colores.

–Es el arco iris. Vamos a bajar por él –dijo Beatriz.

Y gracias a la magia de Bolita, bajaron por el arco iris como si fuera un tobogán.

Cuando Beatriz abrió los ojos, estaba sentada al lado de Miguel, en el jardín del colegio, y le dijo:

–Me ha gustado mucho el paseo por las nubes...

–¿Qué paseo? No te has movido de aquí –dijo Miguel riéndose–. Te quedaste dormida mientras esperábamos a que dejase de llover.

Beatriz quería volver a soñar. Pero no se puede mandar en los sueños.

# 3. Nieva en el bosque

—¿Quieres venir conmigo a hacer las compras de Navidad, Beatriz? —le preguntó su mamá.
—No puedo. Miguel me ha invitado a su casa.
La casa de Miguel estaba en el bosque. Cuando llegaron, una señora les llamó desde la puerta:
—Soy Adela, la mamá de Miguel. ¡Pasad, hace frío!

Beatriz se quedó a merendar con Miguel mientras su mamá iba de compras.

–Qué calentito se está aquí dentro –dijo.

–Sí, la chimenea calienta toda la casa.

–¿No tenéis radiadores? –se extrañó Beatriz.

– No. Y tampoco televisión. No tenemos electricidad –dijo Miguel.

–¿Y a qué vamos a jugar? –preguntó Beatriz.

—¿Ves la casa de juguete que ha hecho mi abuelo en ese árbol? Pues vamos a hacer muebles para ella con cartón —dijo Miguel.

Hicieron un armario, una mesa y dos sillas.

Del cielo, empezaron a caer copos enormes y, al cabo de un rato, el bosque parecía de algodón.

—¡Entrad en casa, niños, hace mucho frío! —gritó la mamá de Miguel desde la ventana.

Beatriz pensaba que se iba a aburrir sin televisión... Pero la abuela de Miguel les contó un cuento, el papá contó chistes, el abuelo tocó el acordeón y la mamá les enseñó villancicos para la Navidad, que ya estaba cerca.
Beatriz pasó una de las tardes más divertidas de su vida y no echó de menos la televisión.

# 4. Vamos de excursión

Un día, en clase, la señorita explicó que los sentidos son cinco: vista, oído, olfato, gusto y tacto.

–¿Y para qué sirven? –preguntó Miguel.

–Mañana iremos de excursión y os lo mostraré –le contestó la señorita.

—La vista nos sirve para ver este paisaje tan bonito, niños. El oído, para escuchar el ruido que hace el agua. El sentido del gusto está en la boca, nos permite saborear.

—¿Podemos comer ya el bocadillo, seño? —preguntó Miguel, que tenía hambre.

—Sí, pero antes vamos a usar el sentido del olfato. ¡Oled vuestras mochilas!

–¡Mi mochila huele a tortilla! –gritó Juan.
–Ya sabéis para lo que sirve el olfato. Tocad la bolsa de la comida, ¿qué fruta os han puesto?
–Un plátano y una naranja –dijo Miguel.
–Para eso sirve el tacto. Y vais a usar el gusto cuando os comáis esos bocadillos tan ricos.
–¡Están deliciosos! –dijeron los niños.

Después de comer, la señorita les dio permiso para jugar a usar los sentidos. Beatriz se dedicó a oler las flores. Juan, a mirar las nubes. Ana, a escuchar a los pájaros. Miguel, a tocar las piedras. Y el resto de los niños se fueron a comer moras.

# 5. Una visita al zoo

Miguel fue al parque zoológico con sus abuelos. Se pararon delante de un león que comía carne.

–¿Está rica? –le preguntó Miguel.

–¡¡¡Agghhhh!!! –contestó el león.

–Abuelo, me gustaría saber qué dicen los animales –dijo el niño.

–Voy a hacer un truco para que puedas entenderte con ellos, Miguel.

–¡Qué raro eres! –dijo el león–. ¡No tienes pelo...!
Miguel lo entendió y le contestó en su idioma:
–Sí que tengo pelo, león, pero sólo en la cabeza.
–El león tiene razón, eres muy raro, ni siquiera tienes nariz –dijo el elefante que estaba enfrente.

–Claro que tengo nariz –protestó Miguel.
–Es tan pequeña que no sirve para nada,
en cambio mi trompa sirve para coger cosas.
¡Mira! –dijo el elefante. Y cogió un montón de
hierba con la trompa y se la llevó a la boca.
–Eso lo hago yo con las manos –contestó Miguel.
–¡Ja, ja, ja! –se rieron el león y el elefante.

—¡Me están llamando raro...! ¡Aarggg! ¡Aggghhh!
—¡Deja ya de rugir como los leones, Miguel, que no te entendemos! —se quejó la abuela Yaga.
El abuelo hizo el truco al revés y Miguel volvió a hablar como los niños.
—¡El león y el elefante dicen que ellos son más guapos que yo! —explicó, por fin.
—Pues, para nosotros, eres el niño más guapo del mundo —dijo la abuela.

# 6. Miguel invita a sus amigos

Miguel y su hermano oyeron una mañana desde la cama: «*Pío, pío, pío, Miguel, Miguelito, levántate ya, que te queremos felicitar*». Miguel pensó que eran pajaritos, pero era su mamá quien cantaba.

–Hoy es tu cumpleaños. Papá ha hecho chocolate, el abuelo bizcocho, la abuela batido de plátano y Bolita flan de estrellas. También estamos haciendo una tarta para celebrarlo con tus amigos.

–Como no tenemos televisión, ni ordenador, ni radio, ni teléfono, a lo mejor no quieren venir.
–No necesitamos estos aparatos, Miguel.
–¿Y cómo puedo decirles a mis amigos que vengan a mi fiesta de cumpleaños?
–Podemos mandarles una invitación. Vamos a escribirla.
Al día siguiente, fueron a la ciudad a echar las invitaciones al correo.

–¿Y qué vamos a hacer en la fiesta? A lo mejor mis amigos se aburren sin televisión...

–Tenemos un regalo sorpresa... –dijo mamá.

El sábado, sus amigos fueron a merendar. Después de soplar las velas de la tarta, se apagaron las luces y apareció un libro mágico del que salió el papá de Miguel en una alfombra voladora.

Los niños subieron y la alfombra los llevó al bosque de Caperucita, al castillo de Blancanieves, a la casa de los tres cerditos, al barco de Peter Pan...

–Ha sido la mejor fiesta de cumpleaños de toda mi vida, Miguel –decían sus amigos al despedirse, pues nunca habían hecho un viaje tan divertido.

# 7. La huerta del abuelo

Un día, Miguel encontró a su abuelo trabajando en la huerta y le preguntó:

–¿Qué haces, abuelo?

–Entierro estas semillas. El sol y el agua las harán crecer y se convertirán en tomates que luego nos comeremos. ¿Quieres ayudarme?

El abuelo hacía agujeros con la azada, Miguel ponía dentro las semillas y las tapaba con tierra.

Todas las mañanas, antes de ir al colegio, Miguel iba a la huerta para ver si habían salido los tomates. Por fin, vio unas hojitas muy delgadas:

–¡Abuelo, abuelo, ven! ¡Han salido plantitas!

–Pronto tendremos tomates –dijo el abuelo.

Al regresar del colegio, mamá regañó a Miguel:

–¡Has estropeado los zapatos! ¡Para jugar en los charcos, debes ponerte las botas de agua!

Miguel tuvo una idea: cogió un zapato suyo, otro de su papá, otro de su mamá y otro de los abuelos, y los plantó en la huerta. «Pronto crecerán zapatos», pensó.

Al cabo de unos días, la mamá de Miguel dijo:

–Creo que ha entrado un ladrón y se ha llevado nuestros zapatos. ¡A todos nos falta uno!

Pasaron los días y en la huerta no salía ni un sólo zapato. Y eso que Miguel los regaba.

—Abuelo, he plantado zapatos y no salen...

—Miguel, sólo las plantas crecen en la tierra, no los zapatos, ni los coches ni los vestidos... —dijo el abuelo riéndose—. La naturaleza es sabia y sólo los seres vivos pueden crecer.

# 8. Un regalo muy helado

–¿Adónde vas con ese cubo, abuelo?

–Voy a ordeñar las vacas, necesito leche. Hoy es el cumpleaños de la abuela y tus papás y yo vamos a prepararle una comida muy rica como regalo.

–Pues yo no sé qué regalarle, abuelo.

–Piensa en algo que le guste, Miguel.

«¡No han hecho helados, con lo que le gustan a la abuela... y a mí!», pensó Miguel.

–Bolita, busca un hechizo para convertir la comida en helados, ¡a la abuela le gustan mucho!

Bolita se metió en el libro de los hechizos y leyó:

*Pimpiriplín, pimpiriplán,*
*todo lo que la abuela toque*
*en helado se convertirá.*

La abuela se estaba lavando los dientes y exclamó:
–Esta pasta de dientes sabe a helado. ¡Qué rica!
Durante la comida, una de sus amigas dijo:
–¡Nunca había probado helado con sabor a sopa!
–Pues mi helado tiene sabor a carne con salsa de aceitunas –dijo otra.
Con el hechizo, todo se convertía en helado.

A las pobres abuelitas les entró dolor de tripa por comer tanto helado y tuvieron que irse.
—Abuela, lo siento mucho —confesó Miguel—. No podía comprarte nada e hice un hechizo.
—Los mejores regalos son los que se hacen con cariño y esfuerzo. Puedes hacerme un dibujo.
—¡Te haré un castillo con princesas y soldados!

# 9. Vacaciones mágicas

Miguel y su abuelo charlaban en la playa.
–Abuelo, cuando eras pequeño, ¿dónde pasabas las vacaciones de verano?
–En mi pueblo. A esta hora, la plaza estaba llena de niños y podíamos jugar a las canicas... o a lo que nos gustase...
–¿Por qué no haces un truco y nos vamos a tu pueblo? –propuso Miguel.

–Estoy retirado... y mis poderes ya no son lo que eran...

Miguel buscó a Bolita y le dijo:

–¿Puedes llevarnos al pueblo del abuelo?

–¡Veré qué puedo hacer! –contestó Bolita.

El duende envolvió a Miguel y al abuelo en una nube de polvo de estrellas. Y a través del polvo, comenzó a verse el pueblo.

En la plaza sólo había unos cuantos ancianos sentados a la sombra.
Casi todos habían jugado de pequeños con el abuelo y acudieron a abrazarlo muy contentos.
–Las tardes de verano soñábamos con tener piscina en esta plaza para quitarnos el calor, ¿os acordáis? –dijo una de las ancianas.

—Bolita, quiero que el abuelo y sus amigos se den un baño en la plaza del pueblo —dijo Miguel.
Bolita cubrió la plaza de polvo mágico y el suelo se transformó en agua azul.
—¡Oh! ¡La plaza del pueblo se ha convertido en una piscina! —exclamaron los abuelos.
Y todos lo pasaron muy bien jugando en el agua.